Questo libro appartiene:

Che tutti i tuoi desideri si avverino

Amore regge senza legge !

Che tutti i tuoi desideri si avverino

Amore regge senza legge !

Che tutti i tuoi desideri si avverino

Amore regge senza legge !

Che tutti i tuoi desideri si avverino

Amore regge senza legge !

Che tutti i tuoi desideri si avverino

Amore regge senza legge !

Che tutti i tuoi desideri si avverino

Amore regge senza legge !

Che tutti i tuoi desideri si avverino

Amore regge senza legge !

Che tutti i tuoi desideri si avverino

Amore regge senza legge !

Che tutti i tuoi desideri si avverino

Amore regge senza legge !

Che tutti i tuoi desideri si avverino

Amore regge senza legge !

Che tutti i tuoi desideri si avverino

Amore regge senza legge !

Che tutti i tuoi desideri si avverino

Amore regge senza legge !